全国技工院校新能源汽车检测与维修专业（中/高级技能层级）

新能源汽车底盘检测与维修
习题册

刘 亮 主 编

中国劳动社会保障出版社

简介

本习题册是全国技工院校新能源汽车检测与维修专业教材（中 / 高级技能层级）《新能源汽车底盘检测与维修》的配套用书。习题册内容紧扣教材的教学要求，注重基础知识的巩固和基本能力的培养，知识点分布均衡，题型丰富，难易适当，有助于学生复习巩固所学知识。

本习题册由刘亮任主编，李沐琏任副主编，王慧、薛烨参与编写，许云珍任主审。

图书在版编目（CIP）数据

新能源汽车底盘检测与维修习题册 / 刘亮主编. -- 北京：中国劳动社会保障出版社，2024

全国技工院校新能源汽车检测与维修专业. 中/高级技能层级

ISBN 978-7-5167-6240-0

Ⅰ.①新…　Ⅱ.①刘…　Ⅲ.①新能源－汽车－底盘－车辆检修－技工学校－教材　Ⅳ.①U469.707

中国国家版本馆 CIP 数据核字（2024）第 051736 号

中国劳动社会保障出版社出版发行

（北京市惠新东街 1 号　邮政编码：100029）

*

北京昌联印刷有限公司印刷装订　　新华书店经销

787 毫米 ×1092 毫米　16 开本　3.25 印张　54 千字

2024 年 3 月第 1 版　　2025 年 6 月第 5 次印刷

定价：7.00 元

营销中心电话：400-606-6496

出版社网址：http://www.class.com.cn

http://jg.class.com.cn

目　录

模块一
新能源汽车底盘总体结构认知

课题一　新能源汽车底盘的组成

一、填空题

1. 传统汽车底盘主要由______系统、______系统、______系统和______系统四大部分组成。

2. 汽车底盘的主要作用是______、______汽车发动机及其各部件、总成，并______发动机的动力，使汽车产生______，保证__________。

3. 传动系统一般由__________、__________、万向传动装置、____________、__________和半轴等组成。

4. 传动系统按能量传递方式不同，分为______传动、______传动、____传动等。

5. 传统的发动机多数____向或____向安装在汽车____部，发动机发出的动力经__________、__________、万向传动装置传到_________。

6. 液力传动系统是利用______介质在______元件和______元件之间循环流动过程中______的变化来传递动力。

7. ______驱动一般用在 SUV 上，其最显著的特征是具有________，通过________将发动机的动力按需分配给______轴和______轴。

8. 汽车行驶系统通常由______、______、______和______等组成。

9. ________是整个转向系统的核心部件，是完成由_____运动到_____运动（或近似_____运动）的一组齿轮机构，同时也是转向系统中的_____传动装置，其作用是放大驾驶人传递的力并同时改变力的传递方向。

10. 转向器常见的形式有__________式、________________式、______________式、_________________式、__________式等。

11. 线控行车制动包括电子__________系统和电子__________系统。

12. 线控转向系统是利用_____传感器和________传感器检测驾驶人的_____数据，然后通过__________将信号传递给 ECU，ECU 再将转向指令发送至____________，从而控制车轮转向。

二、判断题

1. 汽车发动机所发出的动力靠传动系统传递到驱动车轮。（　　）

2. 国内外的大多数货车、部分轿车和部分客车均采用发动机后置后驱的布置形式。（　　）

3. 发动机前置后驱布置形式的操纵机构简单、发动机散热条件好。（　　）

4. 转向桥是利用车桥中的转向节使车轮可以偏转一定角度，以实现汽车的转向。（　　）

5. 电子机械制动系统中 ECU 需要根据制动踏板传感器信号以及车速等车辆状态信号来驱动和控制执行机构电动机产生所需的制动力。（　　）

6. 线控驻车制动是将原有的制动踏板用一个模拟发生器替代，用以接收驾驶人的制动意图，产生、传递制动信号给控制和执行机构，并根据一定的算法模拟反馈给驾驶人。（　　）

三、选择题

1. 盘式制动器摩擦副中的旋转元件是（　　）。

A. 制动蹄　　B. 制动鼓

C. 制动盘　　D. 摩擦片

2. 新能源汽车底盘与传统汽车底盘相比，取消了原有的传动轴等部件，增加了（　　）。

A. 传动轴　　　　B. 输油管

C. 电动机　　　　D. 动力电池包

3. 适宜用在小型汽车上的纯电动汽车单电机集中式驱动布置方式是（　　）。

A. 带有离合器的机械传动　　　　B. 无离合器的机械传动

C. 机电集成传动　　　　D. 以上均正确

4. 以下不属于混合动力电动汽车传动系统分类的是（　　）。

A. 分布式驱动混合动力电动汽车传动系统

B. 串联式混合动力电动汽车传动系统

C. 并联式混合动力电动汽车传动系统

D. 混联式混合动力电动汽车传动系统

四、简答题

1. 传统汽车中发动机后置有哪些优缺点？

2. 悬架的作用是什么？

3. 混联式混合动力传动系统有哪些特点？

4. 电子助力转向系统（EPS）的功能是什么？

5. 简述电子液压制动系统的工作原理。

课题二　新能源汽车底盘日常检查与维护

一、填空题

1. 转向盘的自由间隙应为____°～____°或____～____mm。

2. 在道路试车过程中检查转向助力功能，通过______转向和在___________中转向，检查转向时转向盘是否沉重。

3. 新能源汽车传动系统日常检查与维护的内容包括________________________、__________、___________________的日常检查与维护。

4. 新能源汽车行驶系统日常检查与维护的内容包括_______和_______的日常检查与维护。

5. 新能源汽车转向系统日常检查与维护的内容包括_______和_____________的日常检查与维护，以及__________功能和_______________能力的检查。

6. 在轮胎的日常检查与维护中，需按照车辆使用手册上规定的标准气压执行，并在____态时用_________测量胎压。若在____态时测量，应略____于标准气压，取适当的修正值。

二、判断题

1. 新能源汽车行驶系统若出现故障，车辆的舒适性、安全性不会受到影响，因此行驶系统不必进行日常检查与维护。（　　）

2. 检查转向助力功能时，将转向盘分别向左或向右打至极限位置，检查是否有转向盘抖动、转向器异响等故障。（　　）

3. 汽车在行驶中，制动系统常出现磨损、松旷等故障，应及时检查维护，消除隐患。（　　）

4. 缓慢或迅速转动转向盘，两种情况下转向盘的操作力无明显差别，并且转向盘能

回到中间位置，说明转向助力功能正常。 ( )

5. 检查制动管路时，用力踩制动踏板，在软管上出现凸起、胀大现象，说明管路正常。 ( )

6. 转向系统是用来改变或保持汽车行驶方向的重要部件，应经常检查和维护，否则会造成安全事故。 ( )

7. 储液罐中制动液的液面位置可以超过高（MAX）位刻线。 ( )

8. 新能源汽车传动系统的大多数零部件长期进行高速旋转工作，工作环境恶劣，容易受复杂的外力、温度等因素影响，因此传动系统必须做好日常检查与维护。 ( )

三、选择题

1. 在进行转向盘的日常检查与维护时，转向盘的自由间隙规定范围为（ ）。

A. 0°～10° B. 10°～15°

C. 15°～20° D. 0°～30°

2. 检查转向盘回正能力时，汽车低速行驶，将转向盘顺时针或逆时针转动（ ），然后放开 1～2 s，如果转向盘能自动回转（ ）以上，说明工作正常。

A. 70° 90° B. 90° 70°

C. 70° 180° D. 180° 70°

3. 为预防制动系统失效，确保行车安全，应定期检查（ ），保持良好技术状况，消除事故隐患。

A. 制动液 B. 制动踏板 C. 制动管路 D. 制动盘

4. 以下不属于驱动电机及减速器日常检查与维护项目的是（ ）。

A. 目测检查驱动电机外壳是否有磕碰、损坏现象，并判断是否影响电动机正常工作

B. 目测检查减速器表面是否有磕碰、损坏、漏油现象，如有应予以更换

C. 检查驱动电机及其控制器可见线束及插件是否存在松动、老化、破损、腐蚀等现象

D. 检查电线接头处有无破损、锈蚀

5. 检查制动踏板时，使用（ ）测量制动踏板高度，如果超出规定范围，应调整其高度。

A. 直尺 B. 目测 C. 检测笔 D. 游标卡尺

四、简答题

1. 如何对新能源汽车悬架进行日常检查与维护？

2. 如何对新能源汽车制动系统中的制动液进行日常检查与维护？

3. 如何对新能源汽车转向系统中的转向传动机构进行日常检查与维护？

模块二
传动系统的检修

课题一　纯电动汽车变速器的结构组成与拆装

一、填空题

1. 齿轮变速器主要由__________、__________、__________组成。

2. 纯电动汽车变速器一般采用______结构，换挡杆包括有______、______和______三个挡位。

3. 纯电动汽车齿轮变速器中输入轴和输出轴上有一对常啮合齿轮，名称是____________________和______________________。

4. 纯电动汽车齿轮变速器中可以将动力传给差速器齿轮的是_________________。

5. 调整纯电动汽车齿轮变速器中的垫片时，应先将前箱体放置在工作台上，保持前后箱体合箱面向____且尽量______。用_________________测量___________的外圈端面距_____________________的距离。

6. 清洗差速器副轴组件时，转动行星齿轮或半轴齿轮，一是检查其是否有______，二是便于___________。要注意保管好差速器半轴_________。

二、判断题

1. 纯电动汽车齿轮变速器输入轴由圆锥滚子轴承、输出轴小齿轮、输出轴大齿轮和

锁止齿轮组成。 ( )

2. 清洗变速器主轴组件即将球轴承、圆柱滚子轴承、主轴、主轴定距环和 P 挡棘轮表面的粉尘、铁屑等杂质清理干净。 ( )

3. 润滑油排放干净后，需同时检查放油螺栓和 O 形圈是否完好。 ( )

4. 更换变速器总成后，经过路试，汽车前机舱不再发出异响，维修任务完成。 ( )

三、选择题

1. 电动汽车驱动过程中，电动机将动力电池中存储的（ ）能转换为（ ）能驱动车辆运行。

A. 电 机械　　B. 机械 电

C. 电 动能　　D. 动能 电

2. 电动汽车制动或减速过程中，发电机将（ ）能转化为（ ）能存储在动力电池中。

A. 电 机械　　B. 机械 电

C. 电 动能　　D. 动能 电

3. 下列不属于差速器组成元件的是（ ）。

A. 轴承座　　B. 差速器壳

C. 常啮合齿轮　　D. 主减速器齿圈

4. 锁止齿轮属于（ ）的结构部件。

A. 差速器　　B. 输入轴　　C. 输出轴　　D. 电动机

5. N 挡动力传递路线：半轴→（ ）→（ ）→（ ）→（ ）→电动机。

A. 差速器齿轮　输入轴小齿轮　输出轴小齿轮　输出轴大齿轮

B. 差速器齿轮　输出轴小齿轮　输入轴小齿轮　输出轴大齿轮

C. 输入轴小齿轮　输出轴小齿轮　输出轴大齿轮　差速器齿轮

D. 差速器齿轮　输出轴小齿轮　输出轴大齿轮　输入轴小齿轮

6. 拆卸变速器总成的第一步是（ ）。

A. 排放润滑油　　B. 拆卸螺栓

C. 清洗变速器壳体　　D. 分离箱体

四、简答题

1. 简述 D 挡动力传递路线。

2. 简述纯电动汽车齿轮变速器的结构组成。

3. 写出拆卸齿轮组件的步骤。

五、综合题

根据图示，判断变速器处于什么挡位，并写出动力传递路线。

1.

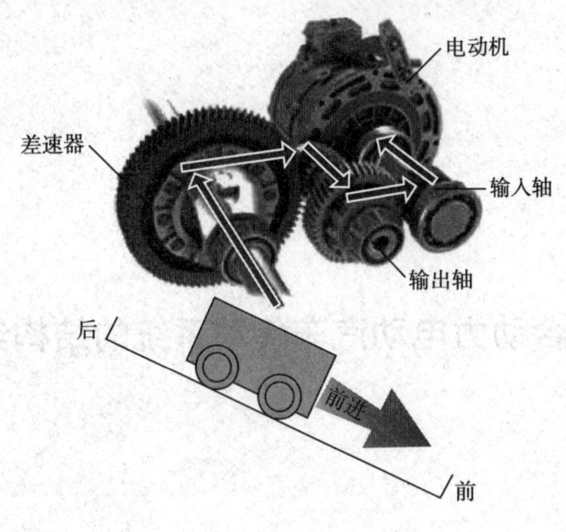

此时变速器处于________________________________。

动力传递路线：

2.

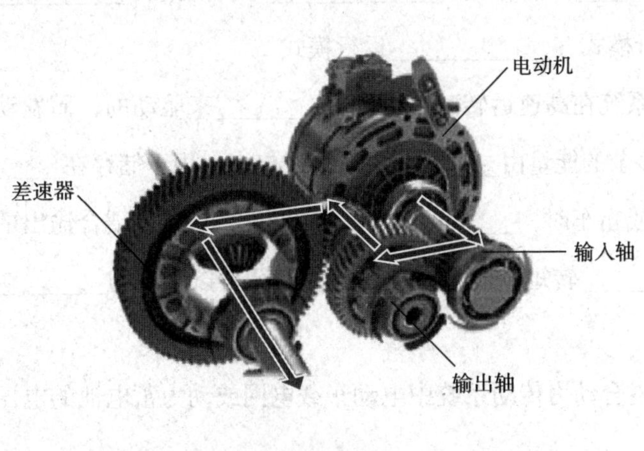

此时变速器处于______________________________。

动力传递路线：

课题二　混合动力电动汽车传动系统的结构组成与拆装

一、填空题

1. 混合动力电动汽车一般情况下分为__________________动力电动汽车、____________________动力电动汽车和__________________动力电动汽车，按照其功能只有________________和___________混合动力电动汽车可以进行纯电动行驶。

2. 混合动力电动汽车通过内燃机、电动机和蓄电池协作的方式规定了不同的工作模式，即包括_________行驶模式、____________行驶模式、__________运行模式、________________运行模式、___________运行模式。

3. 混合动力系统在高速运转时是采用__________来驱动的，而发动机有时会产生多余的能量，这时多余的能量由_________转换成电力，用于储存在______蓄电池中。

4. 在爬陡坡或超车时，__________和__________双动力结合输出的最大________使车辆得到___________转矩，混合动力系统使车辆得以实现与_________发动机相同的______性能。

5. 全混合型混合动力传动系统中电动车载电网或动力蓄电池的电压大多为______ ~ ______V。

6. 对于带两个离合器的并联式混合动力传动系统，内燃机和电动机之间有一个____________装置，这样在纯电动行驶时可将__________从电动机上分离。

7. 根据混合动力传动的联结方式，混合动力系统可分为_________混合动力传动系统、_________混合动力传动系统和_________混合动力传动系统。

8. 并联式混合动力传动系统包括传统的_________驱动系统和_________驱动系统。

9. 新能源汽车驱动系统通常由___________、______________、机械传动装置、车轮等构成，它的储能动力源是______________。

10. 混合动力变速驱动桥的冷却系统采用______________水冷系统，由____________提供循环动力，并______于发动机冷却系统。

二、判断题

1. 混合动力电动汽车可以节省燃油、降低二氧化碳和有害物质排放，同时也可以提高驾驶乐趣和行驶舒适性。 (　　)

2. 轻度混合型混合动力电动汽车将内燃机与一台（或两台）电动机组合在一起，其除依靠内燃机提供动力行驶及依靠电动机提供支持外，也可以纯电动行驶。 (　　)

3. 微混合型混合动力驱动系统需要一个给电动机供电的蓄电池。 (　　)

4. 电动机和内燃机可在所有行驶状况下提供高的行驶动力。 (　　)

5. 混合动力电动汽车的纯电动行驶模式，即当汽车启动时，混合动力系统仅使用由动力蓄电池提供能量的电动机的动力，这时发动机并不运转。 (　　)

6. 混合动力电动汽车在低中速行驶时，由发电机产生的动力用来驱动电动机和辅助发动机驱动。 (　　)

7. 动力蓄电池电能不充足的情况下，车辆也能依靠动力蓄电池进行纯电动行驶。 (　　)

8. 并联式混合动力传动系统在城市公交上的应用比较多，轿车上很少使用。(　　)

9. 当车辆启动后，混合动力变速驱动桥冷却系统中的水泵一直运转，通过冷却液来冷却变频器、MG1、MG2，保证整个车辆各系统散热良好，工作温度在正常范围内。 (　　)

三、选择题

1. (　　) 混合动力电动汽车使用电动机对内燃机提供支持，其在不同工作状态下提供附加的驱动功率和制动功率。

A. 微混合型　　B. 轻度混合型　　C. 全混合型　　D. 以上均正确

2. 轻度混合型混合动力驱动系统和全混合型混合动力驱动系统都使用（　　）蓄电池作为蓄能器。

A. 启动型　　B. 储能型　　C. 牵引型　　D. 动力型

3. 混合动力系统在高速运转时是采用（　　）来驱动的。

A. 电动机

B. 发电机产生的动力用来驱动电动机和辅助发动机

C. 发动机和电动机双动力结合

D. 发动机

4. 只有（　　）动力装置才能在较长的行驶里程上单独通过电动机来驱动车辆进行纯电动行驶。

A. 微混合型　　B. 轻度混合型　　C. 全混合型　　D. 以上均正确

5. 减速时，在传统汽车中通常作为摩擦热散失掉的能量，在混合动力系统中被转换成电能，回收到动力蓄电池中进行再利用，被称为（　　）模式。

A. 再生制动运行　　B. 发电机运行　　C. 混合动力行驶　　D. 纯电动行驶

6. 轻度混合型混合动力传动系统的动力蓄电池提供不超过（　　）kW 的电功率，一般将其用于起步或在发动机转速低时进行加速。

A. 15　　B. 20　　C. 25　　D. 30

四、简答题

1. 简述轻度混合型混合动力电动汽车与全混合型混合动力电动汽车的电动机和内燃机驱动源的组合的优势。

2. 微混合型混合动力传动系统在停车时需满足哪些条件，发动机会自动关闭？

3. 简述并联式混合动力传动系统的工作方式。

4. 简述混联式混合动力传动系统的特点。

5. 简述混合动力变速驱动桥的工作过程。

五、综合题

分别描述出下列各图示的动力传输方式。

序号	图示	动力传输方式
1	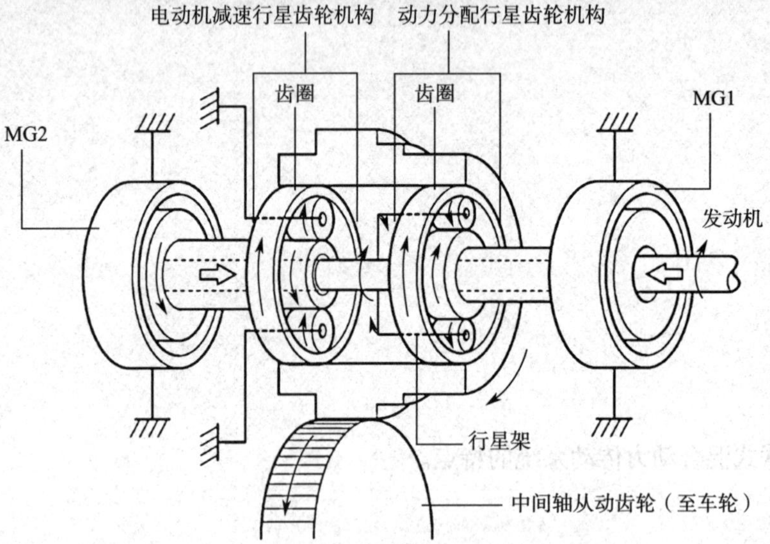 电动机减速行星齿轮机构 动力分配行星齿轮机构 齿圈 齿圈 MG1 MG2 发动机 行星架 中间轴从动齿轮（至车轮）	
2	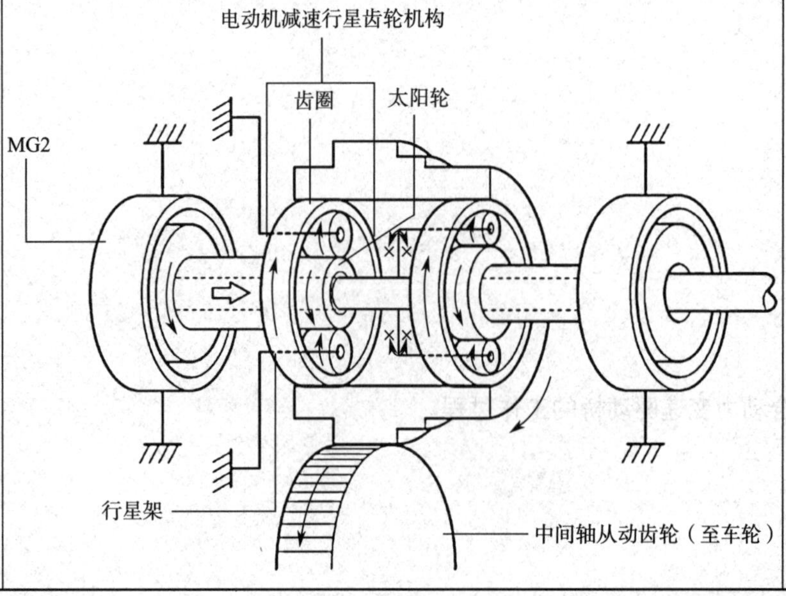 电动机减速行星齿轮机构 齿圈 太阳轮 MG2 行星架 中间轴从动齿轮（至车轮）	

续表

序号	图示	动力传输方式
3	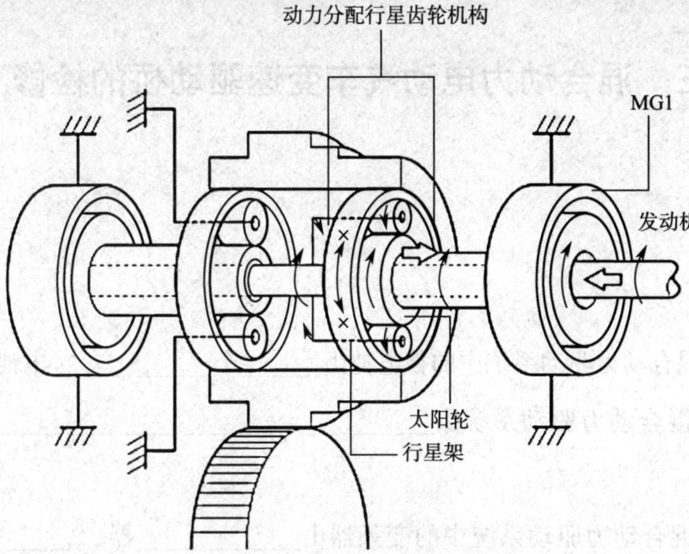 动力分配行星齿轮机构 MG1 发动机 太阳轮 行星架	
4	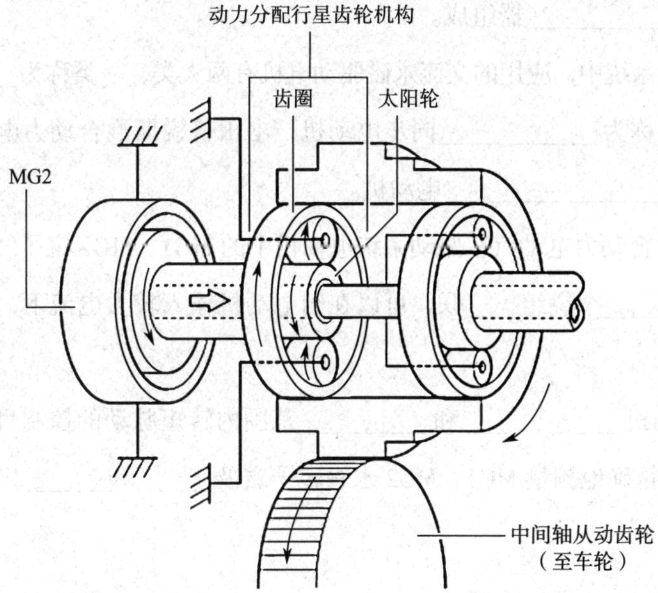 动力分配行星齿轮机构 齿圈 太阳轮 MG2 中间轴从动齿轮 （至车轮）	

课题三　混合动力电动汽车变速驱动桥的检修

一、填空题

1. 丰田普锐斯混合动力驱动系统中的蓄电池由______个____________电池组成。

2. 丰田普锐斯混合动力驱动系统由__________、______________________________、__________组成。

3. 丰田普锐斯混合动力驱动系统中的变频器由____________器、____________器、____________器、____________器组成。

4. 交流伺服驱动系统中，应用的交流永磁驱动电机有两大类，一类称为____________同步电动机，另一类称为____________同步电动机，丰田普锐斯混合动力电动汽车驱动系统的电动机属于__________________电动机。

5. 丰田普锐斯混合动力电动汽车驱动系统电动机中的MG1、MG2定子绕组采用三相____形连接，每相由____个绕组____联，可以在给电动机输入较大电流下，获得最大转矩和最小转矩脉动。

6. 为了满足电动机____________和__________范围内转矩脉动的控制目的，需要利用________________精确地测量MG1、MG2永磁转子磁极______和______。

二、判断题

1. 丰田普锐斯混合动力驱动系统车辆在起步、加速和上坡时，蓄电池将电能提供给驱动电机。（　　）

2. 变频器是一种对直流电和交流电进行相互转换的装置。（　　）

3. 无刷直流同步电动机转子中通入三相方波交流电流后，转子上会产生感应电动势，生成与定子绕组磁场在空间位置成正交的电枢反应磁场。（　　）

4. 绝缘栅双极晶体管的控制基础信号由MG电动机各自的转速传感器提供。（　　）

三、选择题

1. 丰田普锐斯混合动力驱动系统中的蓄电池安装在（　　）。

A. 车辆发动机舱　　B. 车辆后排座椅下方

C. 车辆行李舱　　D. 车辆前排座椅下方

2. MG1、MG2 永磁体转子采用（　　）永磁材料制作，安装在转子铁芯内部。

A. 铁氧体　　B. 金属

C. 钕铁硼　　D. 稀土

3. 增压转换器：将蓄电池（　　）电压增压到（　　）。

A. DC 201.6 V　AC 500 V　　B. AC 201.6 V　AC 500 V

C. DC 201.6 V　DC 500 V　　D. AC 201.6 V　DC 500 V

4. 以下不属于混合动力变速驱动桥组成的是（　　）。

A. 发电机 MG1　　B. 驱动电机 MG2

C. 行星轮　　D. 变频器

5. 无刷直流同步电动机用永磁体转子代替了有刷直流电动机的（　　）磁极。

A. 转子　　B. 定子

C. 北极　　D. 南极

四、简答题

1. 简述无刷直流同步电动机中驱动电机的工作原理。

2. 简述丰田普锐斯电动机再生制动时，驱动系统的控制原理。

3. 简述转速传感器的工作过程。

五、综合题

根据下列各图，描述MG电动机在不同象限位置时绝缘栅双极晶体管的控制逻辑和工作顺序。

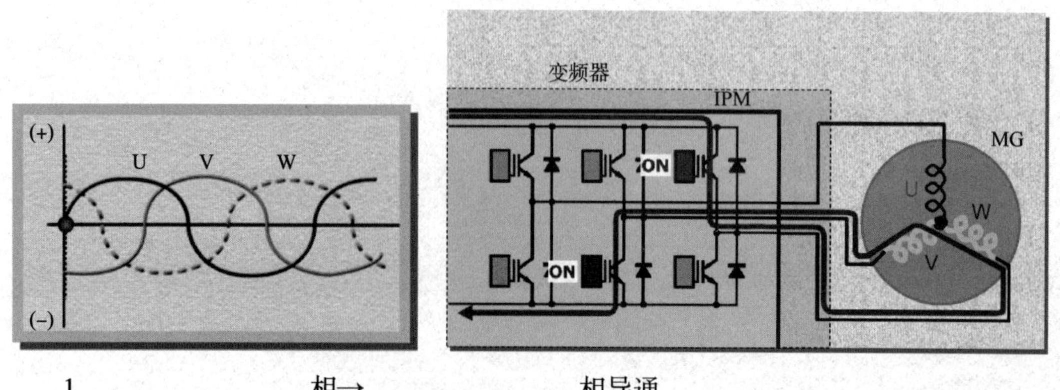

1. ________________相→________________相导通

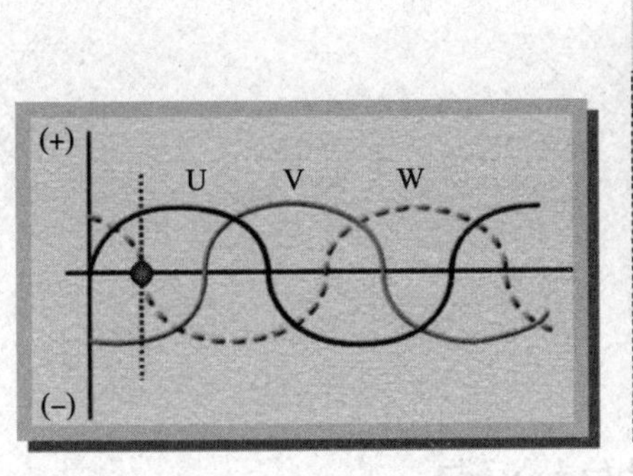

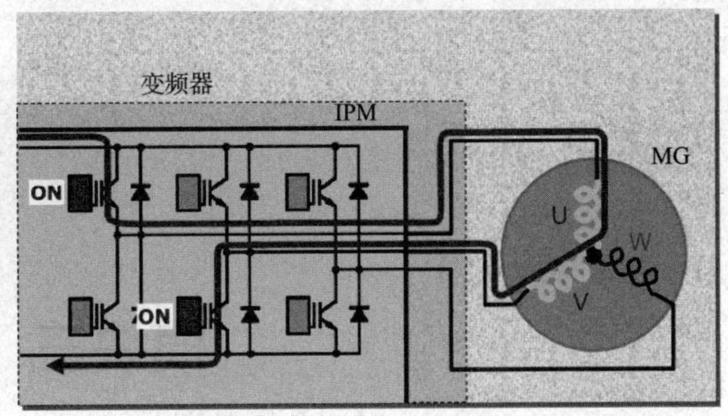

2. ________________相→________________相导通

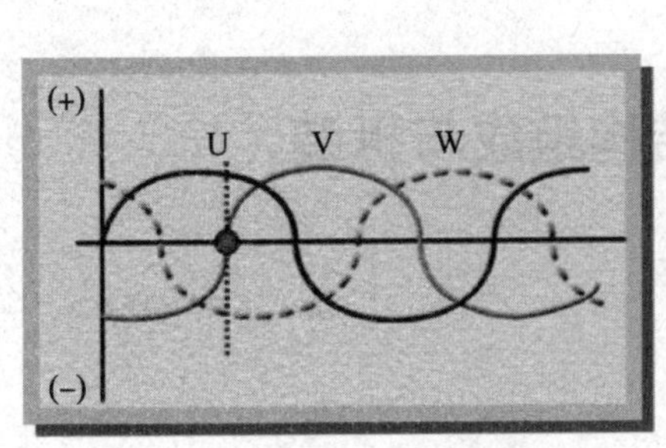

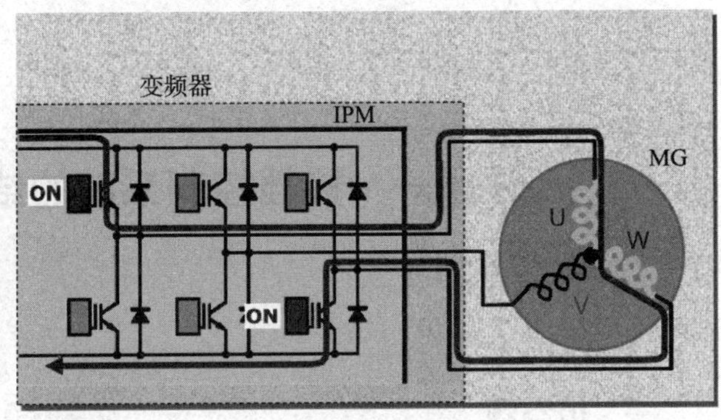

3. ______________相→______________相导通

模块三
换挡控制系统的检修

课题一　换挡控制系统的结构组成与拆装

一、填空题

1. 新能源汽车多采用________________换挡杆，换挡后驾驶人的手______，换挡杆会自动返回____________。

2. 丰田普锐斯采用的电子换挡控制系统使用____________技术。

3. 丰田普锐斯电子换挡控制系统根据各种__________和______提供的信息判断车辆状态，并根据驾驶人操作的________________和______位置开关（变速器换挡主开关）激活适当的换挡控制。

4. 驻车锁止执行器由________________________和______________________组成，负责实现车辆的____________功能以及控制________________的工作。

5. 换挡控制系统是由________________、__________________、______________、____________________、____________________等部件组成。

6. 驻车锁止执行器包括____________________、________________和______________。

7. 开关磁阻电动机主要由______、______、______和______________组成。

8. 车辆正常行驶过程中使用____、____、____三个挡位，将驾驶人操纵换挡杆的动作转换为执行电信号传递给混合动力控制 ECU。

9. 只有当驾驶人踩下制动踏板时，才能从______挂入其他挡位。

10. 换挡控制系统的拒绝功能除非选择__________模式且踩下制动踏板，否则换挡锁止机构将禁止换挡杆切换至 P 位置以外的任何位置。

二、判断题

1. 多数新能源汽车用指尖就可以换挡，不符合人体工程学，操作不太方便。（　　）

2. 丰田普锐斯采用电子换挡控制系统，当挡位指示器显示车辆处于 P 挡时，驾驶人踩下制动踏板，换挡控制执行器就会控制混合动力变速驱动桥的驻车锁止执行器解锁。（　　）

3. 点动复位型换挡杆当驾驶人换挡后，手从换挡杆松开时，换挡杆不会通过弹簧的反作用回到初始位置。（　　）

4. P 挡位置开关是瞬间型开关，其打开或关闭时，会检测驾驶人对 P 挡的操作情况，并发送到混合动力控制 ECU。（　　）

5. 当前选择的挡位需要通过组合仪表上的挡位指示器显示。（　　）

6. 驻车锁止执行器包括开关磁阻电动机、摆线减速机构和转角传感器。（　　）

7. 驻车锁止机构安装在驱动变速器中间轴的主动齿轮上。（　　）

三、选择题

1. 电子换挡控制系统根据各种传感器和 ECU 提供的信息判断车辆状态，并根据驾驶人操作的换挡杆总成和（　　）挡位置开关（变速器换挡主开关）激活适当的换挡控制。

A. P　　B. N　　C. R　　D. B

2. 丰田普锐斯采用的电子换挡控制系统换挡杆总成内集成了换挡传感器和挡位选择传感器能够检测（　　）挡位。

A. R、N　　B. R、N、D、B

C. N、D　　D. N、D、B

3. P 挡位置指示灯位于（　　）开关上，它用来指示驻车锁是否（　　），同时还可以反映系统状态。

A. P 打开　　B. N 打开　　C. P 挡位置　　D. D 挡位置

4.  显示挡位是（　　）。

A. P 挡位置　　B. R 挡位置　　C. N 挡位置　　D. D 挡位置

5.  显示挡位是（　　）。

A. P 挡位置　　B. R 挡位置　　C. N 挡位置　　D. B 挡位置

6. 驻车锁止执行器中的摆线减速机构的内齿轮比外齿轮多（　　）个齿。

A. 1　　B. 2　　C. 3　　D. 4

四、简答题

1. 换挡控制系统的主要组成部件有哪些?

2. 换挡的工作原理是什么?

3. 换挡控制的工作原理是什么?

五、综合题

1. 填写下表中各挡位的显示状态。

显示状态	挡位

2. 填画下表中各挡位的换挡关系。

电源状态	操作	挡位				
		P	R	N	D	B
IG-OFF	–					
ACC	换挡杆					
	P 挡开关					
IG-ON	换挡杆					
	P 挡开关					
READY	换挡杆					
	P 挡开关					
READY >>> IG-OFF	–					

课题二　换挡杆的检修

一、填空题

1. 新能源汽车所安装的电子换挡系统大多为____________，没有传统的____________，均采用__________传输控制换挡。

2. 换挡锁控制单元总成用于检测________________________________。

3. 换挡传感器和挡位选择传感器都是__________式传感器，两个传感器都使用____________工作，因此它们可以以可靠的方式准确地检测______位置。

4. 挡位选择传感器根据换挡杆的水平运动向混合动力控制 ECU 输出__________V 的电压。

5. 混合动力控制 ECU 根据______________和___________________的信号组合确定换挡杆的位置。

6. 换挡杆总成集成了换挡传感器和挡位选择传感器，两个传感器都采用霍尔元件，都有____信号、____信号。

二、判断题

1. 丰田普锐斯配备的换挡杆控制单元总成是一种瞬时型换挡杆，驾驶人换挡后手从换挡杆上松开时，换挡杆会通过弹簧的反作用力返回其初始位置。（　　）

2. 换挡传感器根据换挡杆的垂直运动向混合动力控制 ECU 输出 2 ~ 5 V 的电压。（　　）

3. 混合动力控制 ECU 将从换挡传感器输入中间电平电压时解释为主挡或 N 挡，将低电平电压解释为 B 挡。（　　）

4. 混合动力控制 ECU 将从挡位选择传感器输入高电平电压解释为 R、N 或 D 挡。（　　）

5. 混合动力控制 ECU 根据换挡传感器和挡位选择传感器的信号组合确定换挡杆的位置。（　　）

三、选择题

1. 换挡杆控制单元总成包含（　　）个换挡传感器和（　　）个挡位选择传感器。

A. 1　2　　B. 2　2　　C. 2　1　　D. 1　1

2. 换挡传感器和挡位选择传感器都包含检测电路，分别是（　　）个主电路和（　　）个子电路。

A. 1　1　　B. 2　2　　C. 2　1　　D. 1　2

3. 换挡传感器根据换挡杆的垂直运动向混合动力控制 ECU 输出（　　）V 的电压。

A. 0 ~ 2　　B. 0 ~ 3　　C. 0 ~ 4　　D. 0 ~ 5

4. 混合动力控制 ECU 将从换挡传感器输入的低电平电压解释为（　　）或 B 挡。

A. P　　B. D　　C. N　　D. R

5. 混合动力控制 ECU 将从挡位选择传感器输入的低电平电压解释为主挡或（　　）挡。

A. P　　B. D　　C. N　　D. B

四、简答题

1. 简述换挡传感器的工作原理。

2. 简述挡位选择传感器的工作原理。

五、综合题

1. 写出换挡传感器各挡位主信号、子信号标准值。

数据流信息	挡位状态	数值范围
换挡传感器主信号		
换挡传感器子信号		

2. 写出挡位选择传感器各挡位主信号、子信号标准值。

数据流信息	挡位状态	数值范围
挡位选择传感器主信号		
挡位选择传感器子信号		

模块四
转向系统的检修

课题一　转向系统的结构组成与拆装

一、填空题

1. 电动助力转向系统主要由________、________、________、________、________等组成。

2. 转矩传感器用来检测转向盘转矩和转角的______和______。

3. 转矩传感器主要有________和________两种。

4. 常用的接触式转矩传感器有______、________和______。

5. 助力电动机根据电子控制单元的指令输出适宜的________，是电动转向系统的______，多采用________电动机。

6. 减速机构中的减速齿轮与助力电动机的________啮合，将助力电动机输出的________转换为________。

7. 电动助力转向系统按照辅助电动机的布置方式，可分为________、________、________三种。

二、判断题

1. 转矩传感器是 EPS 系统的控制信号之一。　（　　）

2. 转矩传感器由两个带孔圆环、线圈、线圈盒及电路板组成。（　　）

3. 转矩传感器将转向盘上操作力的大小和方向信号转换为电信号，传递到减速机构。（　　）

4. 助力电动机是 EPS 的关键部件之一，对 EPS 系统的性能有很大的影响。（　　）

5. 减速机构还起到增大输出转矩、降低电动机负载和降低噪声等作用。（　　）

6. 电动转向控制器主要由芯片组成，硬件本身容易出问题。（　　）

7. 由于车载电源的电压一般比较低，电动助力转向系统所能提供的助力转矩也不会太大，因此不适用于大型车辆。（　　）

8. 电动助力转向系统的转向力来自蓄电池。（　　）

三、选择题

1. 在（　　）速时，电动助力转向系统可以提供较（　　）的转向助力，提高车辆的转向轻便性。

A. 低　大　　B. 低　小

C. 高　小　　D. 高　大

2. 车速越高，电动助力转向系统提供的转向助力可逐渐（　　），转向时驾驶人所需提供的转向力将逐渐（　　）。

A. 减小　减小　　B. 增大　减小

C. 减小　增大　　D. 增大　增大

3. 助力电动机根据电子控制单元的指令输出适宜的助力转矩，一般采用（　　）电动机。

A. 三相交流　　B. 异步

C. 无刷永磁式直流　　D. 以上均正确

4. 助力电动机要求（　　）转速、（　　）转矩。

A. 低　小　　B. 低　大

C. 高　小　　D. 高　大

5. 助力电动机要求尺寸（　　）、质量（　　）。

A. 小　小　　B. 小　大

C. 大　小　　D. 大　大

四、简答题

1. 电动助力转向系统主要由哪些组成？

2. 电动助力转向系统的分类有哪些？

3. 电动助力转向系统的优缺点分别是什么？

课题二　电动助力转向系统的检修

一、填空题

1. 当转向盘转动时，位于转向轴上的转角传感器和转矩传感器把测得的转向盘上的______和______________________传递给 ECU。

2. 汽车点火开关闭合时，ECU 开始对 EPS 系统进行______，______通过后，闭合__________和__________，EPS 系统____________。

3. 电动助力转向系统的控制可分为__________________、__________________、__________________、失效保护处理。

4. 助力修正控制包括______________、______________、______________和______________。

二、判断题

1. 电动助力转向系统在不同车上的结构有所不同，但是基本原理是相同的。（　　）

2. EPS 系统在低速行驶时，减轻转向力，保证汽车转向灵活、轻便。（　　）

3. EPS 系统在高速行驶时，适当增加阻尼控制，保证转向盘操作稳重、可靠。（　　）

4. 电动机电流控制应在未检测出电流前开始。（　　）

5. 转向盘不仅受驾驶人的转向操作支配，当路面对轮胎施加转矩时，也会出现转向盘转动的状况。（　　）

三、选择题

1. EPS 系统为了提供约（　　）倍于驾驶人转向操作力的助力，需要在助力出现异常时迅速进行检测，并采取应对措施。

A. 5　　B. 10

C. 20　　D. 30

2. 反馈控制是指修正与指令值所对应的（　　）。

A. 差值　　B. 和

C. 乘积　　D. 商

四、简答题

1. 简述电动助力转向系统的基本工作原理。

2. 简述电动助力转向机构的四种控制。

五、综合题

根据电动助力转向系统电路图，查阅相关资料，分析电动助力转向系统的电源工作线路。

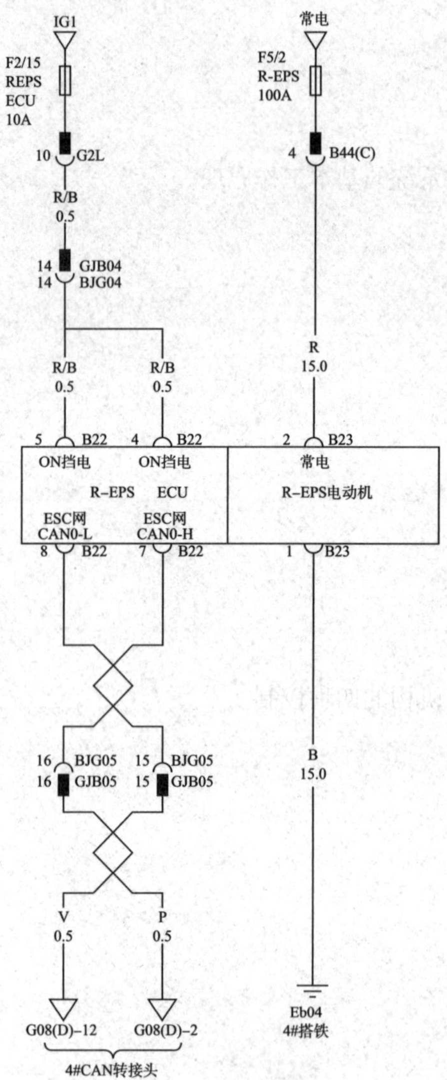

模块五
行驶系统的检修

课题一　行驶系统的结构组成与拆装

一、填空题

1. 汽车行驶系统由______、______和______等组成。

2. 行驶系统的主要作用是接受由____________经____________传来的______，并通过__________与地面之间的附着作用产生__________，保证整车正常行驶。

3. 行驶系统能______________路面作用于车轮上的____________及其所形成的______；缓和不平路面对车身造成的______和______，保证汽车平顺行驶。

4. 汽车车架上装有__________、__________、传动轴、________、________等总成和部件。

5. 车架的作用是______和______汽车各总成，使各总成间保持相对正确的位置，并承受汽车内外的____________。

6. 减振器是产生__________的主要元件，其作用是迅速衰减汽车的振动，改善汽车的________________，增强车轮和地面的__________。

7. 根据汽车两侧车轮运动是否____________，汽车悬架主要可分为____________和________________。

8. 车轮可以支承汽车总质量，________和________汽车行驶时所受到的路面________

和________。

二、判断题

1. 新能源汽车行驶系统和传统汽车行驶系统相比，除车架以外，其他部件有较大区别。（　　）

2. 车架是直接安装在车轮上的。（　　）

3. 车架的作用是支承和连接汽车各总成，使各总成间保持相对正确的位置，并承受汽车内外的各种载荷。（　　）

4. 车架应尽可能地降低汽车的重心和获得较大的前轮转向角，以保证汽车行驶时的稳定性和转向灵活性。（　　）

5. 车架与车桥通过悬架连接在一起。（　　）

6. 减振器能够降低车身部分的动载荷，延长汽车的使用寿命。（　　）

7. 弹性元件用来传递和承受垂直载荷，缓和并抑制不平路面引起的振动和冲击。

（　　）

8. 弹性元件、导向装置和减振器三个组成部分分别起缓冲、导向和减振作用，三者共同起传力的作用。（　　）

9. 独立悬架是每一侧车轮都是单独通过弹性悬架悬挂在车架或车身下面的。（　　）

三、选择题

1. 汽车行驶系统可以支承汽车的（　　）。

A. 行驶　　B. 总重量　　C. 总质量　　D. 振动

2. 车架应具有足够的（　　）、合适的刚度。

A. 强度　　B. 高度　　C. 硬度　　D. 尺寸

3.（　　）是产生阻尼力的主要元件。

A. 悬架　　B. 减振器　　C. 弹性元件　　D. 导向机构

4. 为防止车身在不平路面行驶或转向时发生过大的横向倾斜，部分汽车还装有横向稳定器和（　　）。

A. 减振器　　B. 稳定杆　　C. 平衡器　　D. 平衡杆

5. 弹性元件用于传递和承受（　　），缓和抑制不平路面引起的振动和冲击。

A. 垂直载荷　　B. 水平载荷　　C. 径向载荷　　D. 全部载荷

四、简答题

1. 简述汽车行驶系统的组成及作用。

2. 车架的特点是什么?

3. 悬架的主要组成结构是什么?

4. 简述车轮的作用。

课题二　车辆四轮定位

一、填空题

1. 车辆四轮定位的作用是保持汽车__________的__________，保证汽车转弯时转向轻便，使转向轮能__________，减少轮胎的_____等。

2. 车辆四轮定位是通过专用__________对车辆进行__________后，根据__________及__________，对车辆的__________和__________进行更换、修复、整形、调整。

3. 通过车辆四轮定位使车辆的技术指标达到原厂要求，从而保证汽车行驶的__________、__________、__________和__________。

4. 常见的四轮定位仪有前束尺和__________、__________、__________和三维影像四轮定位仪等。

5. 四轮定位包括__________、__________、__________和前轮前束。

6. 主销后倾角是指__________在车辆纵向中心平面的投影与__________间的夹角。

7. __________的作用是使车轮转向后能__________，且操纵轻便。

8. __________与__________间的夹角称为前轮外倾角，一般为_____。

9. __________的作用是消除__________所引起的圆锥状滚动。

10. 车辆跑偏是指在平直道路上行驶时，在驾驶人不对转向盘__________的情况下，车辆不能__________行驶的状态而__________的现象。

二、判断题

1. 当汽车行驶一定的里程后，各部位零件不会磨损变形。（　　）

2. 主销后倾角过大会造成转向沉重。 （ ）

3. 主销后倾角越小，车速越高，车轮的稳定性越强。 （ ）

4. 主销后倾角可以减小甚至接近于零。 （ ）

5. 现代汽车为了提高行驶速度，已淘汰扁平低压胎。 （ ）

6. 主销后倾与主销内倾都有使汽车转向后自动回正、保持汽车直线行驶的作用。 （ ）

7. 直线行驶时，车轮偶尔遇到冲击而发生偏转，主要靠主销外倾的回正作用。 （ ）

8. 俯视车轮，汽车的两个车轮的旋转平面完全平行。 （ ）

9. 前轮外倾角不宜过小，否则会使轮胎偏磨。 （ ）

10. 车辆跑偏会造成轮胎严重磨损、报废，严重时还会引发爆胎、车辆失控等危险状况。 （ ）

11. 前轮外倾角左右不对称，偏差超过 0.5°，车辆向前轮外倾角正值较大的一侧跑偏。 （ ）

12. 驱动轮两侧胎压不等会造成轮胎与地面的摩擦程度不同。 （ ）

13. 轮胎外缘磨损的原因是前轮外倾角太小或悬架件磨损。 （ ）

14. 轮胎凸波状磨损的原因是车轮静态不平衡或后轮前束不良。 （ ）

15. 车辆在高速（40 km/h 以上）通过减速带时，后轴产生横向偏移的现象，主要原因是后轮前束角、前轮外倾角不合格。 （ ）

三、选择题

1. 主销后倾角过大会造成转向沉重，因此主销后倾角不宜过大，一般为（ ）。

A. 1° ~ 2°　　B. 3° ~ 4°　　C. 2° ~ 3°　　D. 1° ~ 3°

2. 主销内倾角一般为（ ）。

A. 1° ~ 3°　　B. 3° ~ 4°　　C. 3° ~ 5°　　D. 5° ~ 8°

3. 前束角左右不对称，偏差超过（ ），车辆向前束角较小的一侧跑偏。

A. 0.2°　　B. 1°　　C. 0.5°　　D. 2°

四、简答题

1. 简述车辆四轮定位的作用。

2. 常见的车辆四轮定位仪有哪几种？

3. 简述主销后倾角的含义及作用。

4. 简述主销内倾角的含义及作用。

5. 简述车辆跑偏的主要原因及调整方法。

6. 简述转向盘抖动的原因。

模块六
制动系统的检修

课题一　制动系统的结构组成与拆装

一、填空题

1. 汽车制动系统的作用是使__________________按照驾驶人的意愿进行____________或______，使已停驶的汽车在各种道路条件下（包括坡道）____________，使下坡行驶的汽车__________________。

2. 良好的制动性能包括____________、______________________、制动时的方向稳定性。

3. 制动平顺性好，制动力矩能______、______的增加，也能______解除。

4. 制动系统通常可分为__________________、__________________、应急制动系统及__________________等。

5. 制动系统由____________、____________、传动装置和__________等组成。

6. 前轮盘式制动系统由____________、______________________、________________、____________等部件组成。

7. EPB 电子驻车制动系统的主要部件包括__________________、________________________和____________________________等。

8. 驻车制动执行电动机分别安装于____________________________上，该电动机分为____________和__________两部分，并且与后轮制动卡钳集成到一起。

9. 液压制动系统由____________、______________、______________、制动总泵、____________等组成。

10. 制动总泵将________________转换为________________，液压输出压力从总泵分配到两个液压油路，为__________车轮制动油路供油。

11. EBD 功能能够识别______先于______抱死的趋势，及时调整后轮制动力，保证______不先于______抱死，保证车辆稳定性。

12. 当驾驶人制动时，ABS 系统自动监控各前后轮的__________，在车轮抱死前，通过调节____________，使车轮滑移率处于规定范围，防止车轮抱死。

二、判断题

1. 制动系统的传动装置主要包括将制动能量传输到制动器的各个零部件，如制动主缸、轮缸。 （　　）

2. 对有挂车的制动系统，还要求挂车的制动作用略早于主车，挂车自行脱钩时能自动进行应急制动。 （　　）

3. 在行车制动系统失效的情况下，保证汽车仍能实现减速或停车的制动系统称为辅助制动系统。 （　　）

4. 良好的制动性能包括制动效能、制动时的方向稳定性两个方面。 （　　）

5. 制动踏板推杆将制动踏板输入力传递到真空助力器。 （　　）

6. 制动分泵将液压输入压力转换为机械输出力。 （　　）

7. ABS 系统上电时会进行自检，此时仪表指示灯常亮，若无故障则熄灭。 （　　）

8. 液压制动助力能够在真空度不足时，由 ESC 提供液压制动。 （　　）

三、选择题

1. 智能集成制动系统替代了传统燃油车和大多数新能源车使用的由真空泵、储气罐、（　　）构成的带有助力的制动系统。

A. 制动泵　　B. 制动分泵　　C. 制动踏板　　D. 制动总泵

2. IPB 系统采用（　　）驱动活塞泵来快速建压，可在短时间内建立最大制动力，以实现快速停车、躲避危险的目标。

A. 直流电动机　　B. 交流电动机　　C. 伺服电动机　　D. 步进电动机

3. 再生制动系统是一种高效、节能的制动系统，它通过将汽车在制动时产生的动能转换为（　　），存储在电池中，以便在需要时再次使用。

A. 热能　　B. 液压能　　C. 电能　　D. 机械能

4. 正常制动期间，制动主缸分总成产生的液压并不直接驱动轮缸，而是用作（　　）。

A. 参考信号　　B. 参考值　　C. 液压信号　　D. 液压值

5.（　　）是紧急制动辅助功能，可防止紧急情况下驾驶人踩下制动踏板的力度不足，能够在需要紧急制动时为驾驶人提供最大制动辅助，减少制动距离。

A. HAC　　B. ABS　　C. HBB　　D. EBA

6.（　　）将机械输入力转换为液压输出压力，液压输出压力从总泵分配到两个液压油路，为对角式车轮制动油路供油。

A. 储液罐　　B. 制动总泵　　C. 制动分泵　　D. 真空助力器

四、简答题

1. 简述制动系统的组成及各装置的主要部件。

2. 前轮盘式制动系统由哪几部分组成？

3. 简述电子驻车制动系统的优点。

4. 简述电子制动力分配功能。

5. 简述再生制动系统的含义及工作过程。

6. 简述后轮带驻车制动的盘式制动系统的组成及其工作原理。

7. 简述 IPB 制动系统的定义及其工作原理。

课题二　电子驻车制动系统的检修

一、填空题

1. ________________是指将行车过程中的______________和停车后的______________功能整合在一起，并且由电子控制方式实现停车制动的技术。

2. EPB 系统去掉了______________驻车制动系统的______或______等机械装置，通过一个_________对驻车制动器进行控制。

3. EPB 控制单元通过___________与 ESP 系统连接，可以实现车辆的___________功能和_____________________。

4. 电子驻车制动系统用___________、_________组件替代了传统的_________________、机械杠杆和______等控制件。

5. 当驾驶人按下电子驻车制动系统___________后，________________将控制集成在______________________中的电动机动作，并带动___________活塞移动产生机械夹紧力从而完成驻车。

6. 在制动力___________期间，如果踩下___________，___________会释放，车辆就可以行驶。

7. EPB 控制单元在每次执行驻车制动操作时会通过执行电动机内的_____________感知这一变化，然后执行电动机就会适时收紧___________，从而________________。

二、判断题

1. 电子驻车制动系统的工作原理与传统制动系统一样，无明显差异。 （ ）

2. 当按下电子驻车制动系统电子按钮时，电子控制单元通过控制集成在卡钳当中的电动机来带动卡钳活塞，从而与制动盘产生摩擦，达到制动效果。 （ ）

3. 电子驻车制动系统中的电动机组件被集成在左右前轮制动卡钳上。 （ ）

4. EPB 系统去掉了普通机械式驻车制动系统的手柄或踏板等机械装置。 （ ）

5. EPB 系统可以实现车辆的自动驻车功能和动态的应急制动。 （ ）

6. 驻车时，按下 EPB 开关，EPB 系统制动锁止车辆。 （ ）

7. EPB 控制单元通过数据总线与其他控制单元实现数据交换。 （ ）

三、选择题

1. 电子驻车制动系统中的电动机组件被集成在（ ）轮制动卡钳上。

A. 左、右前　　B. 左前

C. 右后　　D. 左、右后

2. 对于安装盘式制动器的电子驻车制动系统是通过每次执行驻车制动操作时，执行电动机内的（ ）测量到的执行电动机旋转的圈数来感知制动间隙的改变。

A. 霍尔传感器　　B. 间隙传感器

C. 电磁感应传感器　　D. 位置传感器

四、简答题

1. 电子驻车制动系统有哪几种类型？

2. 简述电子驻车制动系统的工作过程。

3. 电子驻车制动系统有哪几种功能？

4. 简述动态应急制动的工作过程。

5. 电子驻车制动系统中制动间隙自动调整功能的原理是什么？